PO
LES S

CW00621206

GRÜND

TABLE

Texte anglais de Carole Handslip
Adaptation française de Anne-Marie Thuot

Première édition 1984 by Octopus Books Limited
59 Grosvenor Street, London W1
© 1984 Octopus Books Limited
et pour la traduction française
© 1985 Gründ, Paris

ISBN 2-7000-6130-6

Dépôt légal : février 1985
Photocomposition : P.F.C. Dole
Produit par Mandarin Offset
Imprimé et relié en Chine

INTRODUCTION

Les salades, servies en plat principal, en hors-d'œuvre ou comme accompagnement, sont nourrissantes, colorées, rafraîchissantes et, la plupart du temps, faciles à préparer. Elles fournissent les sels minéraux, les vitamines et les fibres bénéfiques à l'organisme, avec un apport calorique moindre.

Les salades ne se mangent pas exclusivement en été, lorsque les légumes abondent sur les marchés. En hiver, nous avons autant besoin, sinon davantage, de leurs bienfaits diététiques. Même si l'on peut se procurer toute l'année la plupart des ingrédients caractéristiques des salades d'été, ils sont plus chers hors saison et souvent moins savoureux. Pendant les mois d'hiver, préférez les légumes qui sont excellents à cette époque de l'année : betterave rouge, topinambours, carottes et chou blanc.

Des ingrédients bien assortis comptent beaucoup dans la présentation d'une salade appétissante. N'en mélangez pas trop, et ne les détaillez pas en tout petits morceaux : vous obtiendriez un résultat confus, et le mets y perdrait en saveur et en texture.

Les herbes fraîches relèvent magnifiquement le goût des salades : aussi n'hésitez pas à les utiliser généreusement. Essayez une herbe différente pour chaque salade. Persil, marjolaine, thym et ciboulette sont particulièrement précieux, car ils s'accordent pratiquement avec tous les ingrédients et peuvent, par ailleurs, être ajoutés aux sauces. Le basilic se marie bien avec la tomate ; le fenouil et l'aneth accompagnent à merveille poisson, betterave et concombre.

Bon nombre des salades proposées ici seront servies en entrée ou, à votre gré, deviendront même un repas léger.

NOTES

Toutes les cuillères sont rases.

Lorsque du poivre entre dans la préparation d'un mets, préférez le poivre du moulin.

Utilisez des herbes fraîches, sauf lorsque la recette indique le contraire.

Les sauces et assaisonnements sont marqués d'un astérisque dans la liste des ingrédients. Reportez-vous aux pages 76-81 pour les recettes correspondantes.

ENTRÉES

Avocat sauce à la crème

L'avocat se mange lorsque la chair en est bien tendre. Pour en vérifier la maturité, mettez le fruit dans la paume de votre main : il doit céder sous une légère pression des doigts. L'avocat se garde une semaine au réfrigérateur. Il mûrira plus vite si vous le laissez dans un compotier à côté d'autres fruits, par exemple des pommes. Une fois coupé, il doit être citronné pour ne pas noircir.

4 avocats
15 cl de sauce à la
crème et au citron*
POUR GARNIR :
brins de cresson
3 cuillères à soupe
d'œufs de lump
(facultatif)

Coupez les avocats en deux et retirez les noyaux. Prélevez la chair avec une cuillère à melon ou détaillez-la en cubes ; mettez dans un saladier. Réservez les écorces.

Nappez la chair de sauce. Remuez bien et répartissez le tout dans les huit écorces. Garnissez de cresson et, le cas échéant, d'œufs de lump.

Pour 8 personnes

Avocat aux œufs de lump

On trouve deux sortes d'avocat sur les marchés : la variété à écorce verte tachetée et celle à écorce violette bosselée. La saveur diffère peu.

3 avocats
4 cuillères à soupe de vinaigrette*
3 cuillères à soupe d'œufs de lump

Pour 6 personnes

Coupez les avocats en deux et retirez les noyaux. Pelez chaque moitié de fruit et posez-la, côté coupé vers le bas, sur une planche à découper. Incisez-la en tranches fines, transférez sur un plat et appuyez dessus pour séparer les tranches.

Ajoutez une cuillère à soupe de vinaigrette aux œufs de lump et remuez. Versez le reste de sauce sur les avocats pour bien les enrober, puis disposez les œufs de lump au milieu de chaque moitié. Servez immédiatement.

Asperges Ile-de-France

500 g d'asperges
sel
4 cuillères à soupe de
    vinaigrette au
    citron*
1 œuf dur
1 cuillère à soupe de
    persil haché

Épluchez les asperges et coupez-les à la même longueur, ficelez-les en botte, mettez-les debout dans un faitout d'eau bouillante salée. Couvrez de papier d'aluminium, que vous bomberez au-dessus des pointes afin qu'elles cuisent dans la vapeur. Comptez 15 minutes de cuisson pour les petites asperges, 30 minutes maximum pour les grosses. Égouttez bien, transférez sur un plat et laissez refroidir.

Versez la sauce sur les asperges. Hachez le blanc d'œuf et répartissez-le dessus. Pilez le jaune au tamis au-dessus du plat et parsemez de persil.

Pour 4 personnes

Salade brésilienne

quelques feuilles de
    chicorée frisée
1 boîte de cœurs de
    palmier, égouttés
    (420 g)
1 avocat
3 cuillères à soupe de
    vinaigrette*
2 cuillères à soupe de
    graines de sésame
    grillées

Divisez les feuilles de frisée et placez-les dans six coupelles. Coupez les cœurs de palmier en quatre dans le sens de la longueur. Coupez l'avocat en deux et retirez le noyau. Pelez chaque moitié et émincez-la dans le sens de la longueur. Disposez sur la frisée, nappez de sauce et parsemez de graines de sésame.

Pour 6 personnes

Poireaux vinaigrette

8 petits poireaux
sel
1 œuf dur finement
    haché
1 cuillère à soupe de
    persil haché
4 cuillères à soupe de
    vinaigrette*
125 g de lard fumé,
    découenné et haché

Coupez les poireaux sur 15 cm. Fendez-les sur une partie de la hauteur pour les laver. Faites-les cuire 8 minutes à l'eau bouillante salée, jusqu'à ce qu'ils soient tendres. Égouttez-les, disposez-les dans des raviers et laissez refroidir.

Ajoutez l'œuf et le persil à la sauce et nappez-en les poireaux. Faites revenir le lard dans sa graisse jusqu'à ce qu'il soit croustillant, puis répartissez-le sur les poireaux.

Pour 4 personnes

Aspic de légumes andalou

1 boîte de tomates
  (400 g)
2 gousses d'ail pilées
15 cl d'eau
1 bouquet garni
1/2 cuillère à café de
  sucre
sel et poivre
1 cuillère à soupe de
  gélatine, mouillée
  de 4 cuillères à
  soupe d'eau froide
6 cuillères à soupe de
  vinaigrette *
SALADE :
4 tomates pelées,
  épépinées et
  coupées en dés
1/4 de concombre, en
  dés
1/2 poivron vert
  épépiné et taillé
en dés
1/2 oignon haché fin

Mettez les tomates, avec leur jus, dans un récipient avec ail, eau et bouquet garni. Ajoutez sucre, sel et poivre. Portez lentement à ébullition, puis faites frémir 5 minutes. Jetez le bouquet garni.

Placez le mélange dans un mixeur avec la gélatine. Travaillez le tout 30 secondes à la vitesse maximum. Laissez refroidir.

Ajoutez 4 cuillères à soupe de vinaigrette et la moitié des ingrédients destinés à la salade ; remuez-bien. Transférez dans un moule-couronne de 75 cl et laissez 3 heures environ au frais, ou jusqu'à ce que l'aspic soit pris.

Assaisonnez les légumes qui restent avec la vinaigrette. Démoulez l'aspic sur un plat et placez la salade au centre.
Pour 6 personnes

Crudités sauce aïoli

L'aïoli, tel qu'on le sert en Provence, est très épais, onctueux, et fleure bon l'ail. Tous les légumes utilisés en salade peuvent être servis en crudités ; essayez aussi les radis, le concombre, les petites courgettes, les artichauts poivrade et le fenouil.

1/2 petit chou-fleur
4 carottes
4 branches de céleri
1 poivron vert et 1
   rouge, épépinés
250 g de petites
   pommes de terre
   nouvelles bouillies
AÏOLI :
2 jaunes d'œufs
6 gousses d'ail pilées
1/2 cuillère à café de
   sel
30 cl d'huile d'olive
2 cuillères à café de
   jus de citron

Séparez le chou-fleur en bouquets. Coupez carottes, céleri et poivrons en bâtonnets.

Pour l'aïoli, battez les jaunes d'œufs, l'ail et le sel jusqu'à ce qu'ils épaississent. Versez l'huile goutte à goutte, tout en remuant. Quand l'aïoli prend, ajoutez 1 cuillère à café de jus de citron, puis versez l'huile en filet régulier, en battant énergiquement. Incorporez le reste de jus de citron.

Mettez dans un bol, que vous placerez sur un plat, et dressez les légumes autour.

Pour 4 personnes
NOTE : en saison, utilisez les jeunes carottes entières.

Frisée aux lardons

4 cuillères à soupe
   d'huile
3 tranches de pain,
   détaillées en
   croûtons
125 g de lard fumé, en
   tranches de 5 mm
   d'épaisseur
1/2 tête de chicorée
   frisée
6 cuillères à soupe de
   vinaigrette verte*
3 œufs durs émincés

Dans une poêle avec l'huile, faites dorer les croûtons, puis égouttez-les sur du papier absorbant.

Taillez le lard en lardons de 5 mm, mettez-les dans la poêle et laissez-les dorer.

Fragmentez la frisée et mettez-la dans un saladier. Assaisonnez avec la moitié de la sauce et remuez bien. Disposez les œufs en couronne sur la salade, en laissant une bordure de feuilles.

Disposez les croûtons au centre, agrémentés des lardons. Au moment de servir, nappez avec le reste de sauce.

Pour 4 à 6 personnes

Melon surprise

Voici une délicieuse entrée, légère et rafraîchissante, parfaite pour une chaude journée d'été. A défaut de kiwis, utilisez un quart de concombre coupé en dés.

2 melons Charentais
4 tomates pelées
3 kiwis pelés et
    émincés
1 cuillère à soupe
    d'herbes hachées
    (ciboulette, menthe
    et persil)
4 cuillères à soupe de
    sauce mixte*
2 cuillères à soupe de
    graines de potiron
    (facultatif)

Coupez les melons en deux et jetez les graines. Prélevez la chair à l'aide d'une cuillère à melon, ou coupez-la en dés. Réservez les écorces. Détaillez chaque tomate en 8 quartiers ; jetez les graines.

Mettez le melon dans un saladier avec les tomates, les kiwis et les herbes. Assaisonnez et remuez bien.

Transférez la salade dans les écorces de melon et parsemez, le cas échéant, de graines de potiron.

Pour 4 personnes

NOTE : vous trouverez les graines de potiron dans les magasins diététiques ou les épiceries grecques.

Peperonata

2 gros poivrons rouges
2 gros poivrons verts
4 cuillères à soupe
  d'huile d'olive
1 oignon émincé
2 gousses d'ail pilées
4 tomates pelées,
  épépinées et
  concassées
sel et poivre

Coupez les poivrons en deux, ôtez le cœur et les graines, puis émincez-les. Dans une poêle avec l'huile chaude, faites fondre l'oignon 5 minutes. Ajoutez l'ail et les poivrons, couvrez et laissez 10 à 15 minutes à feu doux, en remuant de temps en temps.

Mettez les tomates ; salez et poivrez. Faites cuire 10 minutes encore, en remuant de temps en temps. Laissez refroidir avant de servir.

Pour 6 personnes

Aubergines en salade

2 aubergines
sel et poivre
4 cuillères à soupe
  d'huile d'olive
1 oignon haché
2 gousses d'ail
  hachées menu
4 tomates pelées,
  épépinées et
  hachées
2 cuillères à soupe de
  persil haché
1 cuillère à soupe de
  jus de citron
quelques feuilles de
  laitue

Coupez les aubergines en dés de 1 cm. Couvrez-les de sel et laissez dégorger 30 minutes. Rincez et séchez.

Dans une poêle avec l'huile chaude, faites dorer l'oignon et les aubergines 10 à 15 minutes, en remuant de temps en temps. Ajoutez l'ail et les tomates et faites revenir 2 à 3 minutes.

Laissez refroidir, puis assaisonnez avec persil, jus de citron et poivre. Disposez la laitue dans un saladier et mettez les légumes au centre.

Pour 4 à 6 personnes

Ratatouille rafraîchie

6 cuillères à soupe
  d'huile d'olive
1 petite aubergine
  émincée
250 g de courgettes
  émincées
1 poivron vert paré et
  émincé
2 gousses d'ail pilées
sel et poivre
4 tomates pelées,
  épépinées et
  émincées

Chauffez la moitié de l'huile dans une poêle et faites blondir l'aubergine des deux côtés, en ajoutant de l'huile, si besoin est. Mettez dans un saladier.

Dans le reste d'huile, faites revenir les courgettes et le poivron 8 à 10 minutes, en remuant de temps en temps, jusqu'à ce qu'ils soient tendres. Ajoutez l'ail, du sel et du poivre, et laissez cuire 2 minutes encore. Mettez les tomates et remuez bien. Servez rafraîchi.

Pour 4 à 6 personnes

Tomates aux anchois

4 œufs durs émincés
1 cuillère à soupe de
  câpres
2 cuillères à soupe de
  cornichons hachés
6 tomates pelées et
  coupées en deux
SAUCE :
4 cuillères à soupe de
  vinaigrette*
2 cuillères à soupe de
  ketchup
2 cuillères à soupe de
  diverses herbes
  hachées
POUR GARNIR :
1 boîte d'anchois
  égouttés (50 g)
brins de cresson

Répartissez les œufs durs sur 4 assiettes. Parsemez de câpres et de cornichons. Posez 3 moitiés de tomate sur chaque assiette, partie bombée vers le haut.

Dans un bol, mélangez les ingrédients de la sauce et nappez-en bien les tomates.

Coupez les anchois en 2 dans le sens de la longueur, ou en 3 s'ils sont très épais, et posez-les en croix sur chaque tomate. Garnissez de cresson.

Pour 4 personnes

Caponata

Ce plat appartient à la tradition culinaire de Sicile.

1 grosse aubergine
sel et poivre
2 branches de céleri,
  en dés
3 cuillères à soupe
  d'huile d'olive
1 oignon haché
1 boîte de tomates
  égouttées et
  hachées (220 g)
1 1/2 cuillère à café
  de concentré de
  tomates
40 g d'olives vertes
  dénoyautées
1 cuillère à soupe de
  vinaigre de vin
1 cuillère à soupe de
  câpres
quelques feuilles de
  laitue

Coupez l'aubergine en dés de 1 cm. Mettez dans une passoire, saupoudrez de sel et laissez dégorger 30 minutes. Rincez et séchez avec du papier absorbant.

Blanchissez le céleri 5 minutes à l'eau bouillante ; égouttez.

Chauffez 2 cuillères à soupe d'huile dans une poêle et faites blondir l'aubergine 10 à 15 minutes, en remuant souvent. Retirez du récipient.

Mettez le reste d'huile dans la poêle et faites fondre l'oignon 5 minutes à feux doux. Ajoutez tomates, concentré, olives et céleri ; salez et poivrez. Couvrez et laissez frémir 5 minutes.

Ajoutez vinaigre, câpres et aubergine, couvrez et laissez frémir 5 minutes encore ; faites refroidir. Servez la caponata sur des feuilles de laitue.

Pour 4 à 5 personnes

Salade baltique

2 rollmops
quelques feuilles de
  chicorée frisée
2 pommes rouges
  évidées
1 petit oignon émincé
15 cl de sauce à la
  crème et au citron*
paprika en poudre

Déroulez les rollmops, coupez-les en deux dans le sens de la longueur, puis en morceaux de 1 cm.

Répartissez la frisée sur des assiettes. Coupez les pommes en fines rondelles.

Alternez rollmops, pommes et oignon sur la frisée. Nappez de sauce et saupoudrez de paprika.

Pour 4 personnes

SALADES DE LÉGUMES FEUILLES

Chicorée, endive, épinards, chou, chou chinois, mâche e
pissenlits, peuvent tous remplacer avantageusement la laitue
dans les salades.

Pour les conserver, mettez-les, enveloppés dans un sac en
plastique, dans le compartiment à légumes du réfrigérateur. Le
cresson se garde mieux s'il est immergé dans un saladier d'eau

Évitez de couper les feuilles avec un couteau : cela brise les
cellules végétales et libère un enzyme qui détruit la vitamine
C. Fragmentez toujours les feuilles à la main pour limiter cette
perte au minimum.

Brocolis aux amandes

350 g de brocolis
sel
50 g d'amandes
effilées, grillées
1 petit poivron rouge
épépiné et émincé
4 cuillères à soupe de
vinaigrette verte*

Divisez les brocolis en bouquets et
blanchissez-les 4 minutes à l'eau
bouillante salée. Égouttez et laissez
refroidir.

Mettez-les dans un saladier avec les
amandes et le poivron. Assaisonnez et
remuez bien.

Pour 4 à 6 personnes

Salade d'épinards à l'oignon

50 g d'épinards
cuillères à soupe
d'huile d'olive
gros oignon haché
gousses d'ail pilées
el et poivre
5 cl de crème fraîche
cuillère à soupe de
vinaigre aromatisé
nuscade râpée
(facultatif)

Dans un faitout, faites étuver les épinards 5 minutes, avec pour seul liquide l'eau qui reste sur les feuilles après lavage. Égouttez-les bien et hachez-les.

Chauffez l'huile dans une poêle et faites-y fondre l'oignon. Ajoutez ail, épinards, sel et poivre ; laissez chauffer le tout.

Mélangez la crème et le vinaigre avec, le cas échéant, la muscade. Versez sur la salade et remuez. Laissez refroidir avant de servir.

Pour 4 personnes

Pissenlits au lard

125 g de pissenlits
2 œufs durs hachés
125 g de lard fumé,
  découenné et coupé
  en lardons
1 gousse d'ail pilée
2 cuillères à soupe de
  vinaigre de cidre
poivre

Parez les pissenlits, lavez-les et
épongez-les. Mettez dans un saladier
avec les œufs.

Faites revenir les lardons dans leur
graisse jusqu'à ce qu'ils dorent, ajoutez
l'ail et laissez cuire jusqu'à ce que le
lard soit croustillant. Versez le tout sur
la salade et remuez.

Mettez le vinaigre dans la poêle pour
la déglacer. Dissoudre les sucs de
cuisson et versez sur la salade. Poivrez
bien et remuez.

Pour 4 personnes

Salade maraîchère

250 g de salade verte
  de printemps
4 cuillères à soupe
  d'huile d'olive
2 cuillères à café de
  sauce soja
1 cuillère à soupe de
  jus de citron
2 gousses d'ail pilées
sel et poivre
3 branches de céleri
1 boîte de maïs
  égoutté (200 g)
2 cuillères à soupe de
  persil haché

Ciselez la salade en fines lanières et
mettez-la dans un récipient. Mélangez
huile, sauce soja, jus de citron et ail ;
salez et poivrez. Versez sur la salade.
Remuez bien et laissez mariner 1 heure.

Émincez le céleri et ajoutez-le à la
salade avec le maïs et le persil.
Présentez dans un saladier.

Pour 6 personnes

Épinards au roquefort

250 g de jeunes
  épinards
50 g de cerneaux de
  noix, hachés gros
25 cl de sauce au
  roquefort

Équeutez les épinards, lavez-les et
épongez-les. Fragmentez-les,
mettez-les dans un saladier avec les
noix et la sauce, puis remuez bien avant
de servir.

Pour 6 personnes

Salade chinoise

1 morceau de 2 cm de
  gingembre haché
  menu
4 cuillères à soupe de
  vinaigrette*
1 chou chinois
1/2 concombre
125 g de pousses de
  soja
6 ciboules hachées
1 cuillère à soupe de
  persil haché, pour
  décorer

Mélangez le gingembre et la
vinaigrette ; laissez macérer 30
minutes. Ciselez le chou en lanières et
coupez le concombre en bâtonnets.
Mettez tous les ingrédients dans un
saladier et remuez bien pour les
enrober de sauce. Présentez dans un
plat de service, parsemé de persil.

Pour 6 personnes

Chou rouge aux pommes

350 g de chou rouge
1 petit poireau émincé
6 cuillères à soupe de
  vinaigrette verte*
3 pommes coupées en
  quartiers

Ciselez le chou en fines lanières.
Mettez-le avec le poireau dans un
saladier, assaisonnez et remuez bien.
Laissez mariner 1 heure, en tournant de
temps en temps.

Coupez les pommes en tranches
fines, ajoutez-les à la salade et remuez
à nouveau au moment de servir.

Pour 8 personnes

Salade rouge

250 g de chou rouge
5 cuillères à soupe de
   vinaigrette à l'ail*
2 têtes de trévisette
1 petit oignon rouge
1 botte de radis

Ciselez le chou en fines lanières et mettez-le dans un récipient avec la sauce. Remuez bien ; laissez reposer 1 heure.

Divisez la trévisette, puis fragmentez les feuilles. Émincez l'oignon et les radis. Ajoutez aux autres ingrédients et remuez bien. Présentez dans un saladier.

Pour 6 à 8 personnes

Salade de chou chinois

1 poireau finement
   émincé
1 chou chinois ciselé
   en lanières
1 poivron vert épépiné
   et émincé
6 cuillères à soupe de
   sauce aux herbes*

Séparez les rondelles de poireau pour obtenir des anneaux et mélangez avec le chou chinois dans une jatte. Ajoutez le poivron et la sauce ; remuez bien le tout. Présentez dans un saladier et servez immédiatement.

Pour 6 à 8 personnes

Salade californienne

1 pomme évidée
4 cuillères à soupe de
    sauce mixte*
2 oranges
125 g respectivement
    de raisin blanc et
    noir, coupé en deux
    et épépiné
250 g de chou blanc
    ciselé fin
2 cuillères à soupe de
    ciboulette hachée
2 cuillères à soupe de
    graines de
    tournesol grillées

Coupez la pomme en lamelles au-dessus de la sauce ; remuez pour bien enrober les morceaux.

Enlevez l'écorce et la peau blanche des oranges. Séparez-les en quartiers et mettez avec la pomme.

Ajoutez les autres ingrédients et remuez bien. Transférez dans un saladier.

Pour 6 à 8 personnes

Salade César

Cette salade fut créée par un Italien, César Cardini, pour son restaurant de Tijuana au Mexique. De là, elle devait acquérir une réputation internationale.

2 gousses d'ail pilées
6 cuillères à soupe
    d'huile d'olive
3 tranches de pain
2 cuillères à soupe de
    jus de citron
1 cuillère à soupe de
    sauce
    Worcestershire
sel et poivre
1 grosse laitue
    romaine
2 œufs, bouillis 1
    minute
4 cuillères à soupe de
    parmesan râpé

Mettez l'ail dans l'huile d'olive et laissez macérer 3 à 4 heures. Passez l'huile.

Coupez le pain en croûtons de 5 mm et faites-les dorer dans 4 cuillères à soupe d'huile aromatisée à l'ail. Égouttez sur du papier absorbant.

Mettez le reste d'huile dans un petit saladier avec le jus de citron, la sauce anglaise, du sel et du poivre ; remuez bien.

Fragmentez la romaine. Mettez-la dans un saladier, versez la sauce dessus et remuez bien.

Cassez les œufs sur la salade, en détachant le blanc à demi pris, et mélangez bien pour que la sauce les enrobe.

Ajoutez le fromage et les croûtons. Tournez une dernière fois au moment de servir.

Pour 6 personnes

Avocat aux deux salades

1/2 tête de chicorée
    frisée
1 botte de cresson
2 avocats coupés en
    deux et dénoyautés
6 cuillères à soupe de
    vinaigrette*

Divisez la chicorée en la fragmentant et séparez les brins de cresson ; mettez dans un saladier.

Pelez les avocats et émincez-les dans un grand bol. Assaisonnez-les avec la sauce et remuez pour bien les enrober. Ajoutez aux deux salades et tournez.

Pour 6 personnes

Salade d'endive à l'orange

3 têtes d'endive
3 oranges
1 cuillère à soupe de
    persil haché
4 cuillères à soupe de
    sauce mixte*

Coupez les endives en lamelles de 1 cm et mettez-les dans un saladier.

Retirez l'écorce et la peau blanche des oranges et séparez les quartiers, en tenant le fruit au-dessus du saladier pour en recueillir le jus.

Ajoutez le persil et la sauce ; remuez bien au moment de servir.

Pour 4 personnes

Salade de cresson à la pâte de soja

La pâte de soja, fine et lisse de texture, est vendue en tranches dans les épiceries asiatiques, sous le nom de tofu.

1 tranche de pâte de soja (300 g)
2 cuillères à soupe de graines de sésame grillées
4 cuillères à soupe de vinaigrette à la sauce soja*
2 bottes de cresson

Détaillez la pâte de soja en cubes de 1 cm. Mettez dans un grand ravier avec les graines de sésame, versez la sauce et remuez bien. Séparez les brins de cresson, ajoutez à la pâte de soja et mélangez le tout. Présentez dans un saladier.

Pour 4 à 6 personnes

Salade bicolore

1/2 tête de chicorée frisée
1 tête de trévisette
1 grosse endive
4 cuillères à soupe de vinaigrette au citron vert*
25 g de pignons

Séparez les feuilles des salades, puis fragmentez-les ; mettez dans une jatte. Coupez l'endive en lamelles de 1 cm et ajoutez au reste. Versez l'assaisonnement et remuez bien.

Présentez la salade dans un saladier, parsemée de pignons.

Pour 4 à 6 personnes

27

Salade de mâche val fleuri

La mâche, ou doucette, est une salade de saveur douce, facile à cultiver dans les potagers.

250 g de mâche lavée
1 tête de trévisette
1 endive
1/2 bulbe de fenouil
quelques feuilles de
    pissenlit, coupées
    en deux (facultatif)
2 cuillères à soupe de
    persil haché
50 g de cerneaux
6 cuillères à soupe de
    vinaigrette*

Nettoyez les pieds de mâche et mettez les feuilles dans un saladier. Fragmentez la trévisette et détaillez l'endive en lamelles de 1 cm. Émincez le fenouil. Mettez le tout dans le saladier avec le reste des ingrédients et remuez bien.

Pour 6 à 8 personnes

Salade verte ciselée

125 g de chou chinois
125 g de romaine
2 cartons de cresson
    alénois
6 ciboules émincées
6 cuillères à soupe de
    vinaigrette*

Ciselez le chou chinois et la romaine en fines lanières. Mettez le tout dans un saladier. Ajoutez le cresson et la ciboule ; mélangez bien.

Assaisonnez et remuez au moment de servir.

Pour 4 à 6 personnes

NOTE : vous pouvez aussi utiliser des germes de soja.

Salade du chef

1 tête de chicorée
    frisée
75 g de gruyère en dés
25 g de noisettes
    hachées
    grossièrement
75 g de jambon fumé,
    en dés
4 cuillères à soupe de
    vinaigrette*
1 cuillère à soupe de
    persil haché

Séparez les feuilles de chicorée et mettez-les dans une jatte avec fromage, noisettes et jambon. Ajoutez la vinaigrette et tournez bien. Présentez dans un saladier et parsemez de persil.

Pour 6 à 8 personnes

SALADES DE LÉGUMES RACINES

Les légumes racines sont parfaits pour les salades automnales et hivernales. Outre l'universelle pomme de terre, carottes, céleri-rave, betteraves et topinambours conviennent tous. Afin que la saveur de l'assaisonnement imprègne bien les légumes, détaillez ces derniers en petits morceaux — coupez-les en dés ou en julienne, ou bien râpez-les. On appelle julienne les bâtonnets de légumes.

Salade de betterave acidulée

500 g de betterave rouge pelée
2 oranges
4 cuillères à soupe de vinaigrette au citron*
1 cuillère à soupe de persil haché

Râpez fin la betterave et mettez-la dans un saladier. Râpez fin le zeste des oranges, que vous ajouterez à la sauce. Enlevez la peau blanche des fruits, séparez les quartiers et hachez-les grossièrement. Mettez avec la betterave.

Versez la sauce et tournez bien. Parsemez de persil pour servir.
Pour 4 à 6 personnes

Carottes râpées

Cette salade simple et délicieuse peut aussi accompagner la viande froide. Pour la parfumer davantage, ajoutez-lui une échalote ou un oignon haché menu.

750 g de carottes
2 cuillères à soupe de
persil haché
5 cuillères à soupe de
vinaigrette*

Grattez les carottes, râpez-les fin et mettez-les dans un saladier avec le persil.

Assaisonnez-les et remuez bien.

Transférez sur un plat de service et, selon le goût, mettez au frais avant de servir.

Pour 4 à 6 personnes

VARIANTE : En saison, remplacez les carottes par des navets nouveaux. Relevez la vinaigrette en y ajoutant 1 cuillère à soupe de moutarde de Meaux.

Salade de carottes marocaine

350 g de carottes
grattées
175 g de navets pelés
50 g de raisins secs de
Malaga
2 cuillères à soupe de
graines de sésame
grillées
2 cuillères à soupe de
ciboulette hachée
4 cuillères à soupe de
sauce mixte*

Râpez fin les carottes et les navets et
mettez-les dans un saladier. Ajoutez les
autres ingrédients, assaisonnez et
tournez bien la salade.

Pour 4 à 6 personnes

Salade de topinambours aux noix

Cette délicieuse salade accompagnera parfaitement une assiette de viande froide. Il vaut mieux gratter les topinambours que les éplucher pour leur conserver saveur et valeur nutritive.

500 g de topinambours grattés
sel et poivre
3 cuillères à soupe d'huile d'olive
2 cuillères à café de jus de citron
1 cuillère à soupe de persil haché
2 cuillères à soupe de cerneaux hachés, pour servir

Détaillez les topinambours en morceaux de même grosseur et mettez-les dans un faitout d'eau salée. Portez à ébullition, couvrez et laissez frémir 12 à 15 minutes, jusqu'à ce qu'ils soient tendres. Égouttez-les et laissez-les refroidir dans un saladier.

Mélangez tous les autres ingrédients, sauf les noix ; salez et poivrez. Versez sur les topinambours et remuez bien. Présentez dans un plat de service et répartissez les noix au moment de servir.

Pour 4 à 6 personnes

Salade de betterave bulgare

350 g de betterave
    rouge
2 cornichons malossol
2 cuillères à soupe de
    vinaigre de vin
4 cuillères à soupe de
    yogourt nature
sel et poivre
1 cuillère à soupe
    d'aneth ou de
    fenouil haché

Détaillez les légumes en dés de 1 cm et mettez-les dans un saladier.

Mélangez le vinaigre, le yogourt, du sel et du poivre. Nappez-en la salade et remuez bien.

Transférez sur un plat de service et parsemez d'herbe hachée.

Pour 4 personnes

VARIANTE : Pour obtenir une salade plus copieuse, ajoutez 500 g de pommes de terre cuites et coupées en dés. Utilisez alors 3 cuillères à soupe de vinaigre et 8 cuillères à soupe de yogourt.

Céleri rémoulade

Respectez le temps de blanchiment indiqué, afin que le céleri-rave reste légèrement croquant.

500 g de céleri-rave épluché
3 cuillères à soupe de moutarde
3 cuillères à soupe de mayonnaise
2 cuillères à soupe de crème fraîche
1 cuillère à soupe de jus de citron
1 cuillère à soupe de persil haché

Coupez le céleri-rave en julienne, ou râpez-le, et blanchissez-le 2 minutes à l'eau bouillante. Égouttez et laissez refroidir.

Mélangez moutarde, mayonnaise, crème et jus de citron. Assaisonnez le céleri avec cette sauce et remuez. Présentez dans un plat de service, décoré de persil haché.

Pour 4 personnes

SALADES DE POMMES DE TERRE

La partie la plus nourrissante de la pomme de terre se trouve juste sous la peau, aussi vaut-il mieux les frotter et les servir avec la peau, ou encore les gratter légèrement. Cela permet également d'en renforcer la saveur.

Pissenlits, épinards ou oseille finement ciselés se marient bien avec les pommes de terre en salade, car leur acidité contraste agréablement avec la chair douce de la pomme de terre, notamment avec une sauce crémeuse.

Votre salade sera meilleure si vous ajoutez l'assaisonnement lorsque les légumes sont encore chauds : ils absorbent plus facilement la sauce.

Pommes de terre moutarde

500 g de petites pommes de terre nouvelles
sel
2 cuillères à soupe de moutarde de Meaux
15 cl de crème fraîche

Faites cuire les pommes de terre, dans leur peau, à l'eau bouillante salée. Égouttez et laissez refroidir dans un saladier. Coupez-les en deux, si besoin est. Incorporez la moutarde à la crème, versez sur la salade et tournez. Présentez dans un plat de service. **Pour 4 personnes**

Salade de pommes de terre tiède

500 g de pommes de terre nouvelles
sel
3 cuillères à soupe de vinaigrette*
3 cuillères à soupe de cerfeuil haché

Faites cuire les pommes de terre, dans leur peau, à l'eau bouillante salée. Égouttez-les et ajoutez immédiatement la sauce et le cerfeuil ; mélangez. Transférez la salade tiède dans un plat et servez sans attendre. **Pour 4 personnes**

Pommes de terre mayonnaise

750 g de pommes de terre nouvelles grattées
sel
2 cuillères à soupe de vinaigrette*
1-2 cuillères à soupe de ciboulette hachée
4 cuillères à soupe de mayonnaise*
2 cuillères à soupe de yogourt nature

Faites cuire les pommes de terre à l'eau bouillante salée. Égouttez-les bien, coupez-les en quartiers et mettez-les dans une jatte. Tandis qu'elles sont chaudes, assaisonnez-les avec la vinaigrette et les herbes, en gardant un peu de ciboulette pour décorer, et remuez bien.

Mettez dans un plat de service et laissez refroidir.

Mélangez la mayonnaise et le yogourt. Nappez-en la salade et répartissez le reste de ciboulette dessus. **Pour 6 personnes**

Pommes de terre à l'oseille

Quelques feuilles d'oseille rehaussent cette salade et lui confèrent une note acide agréable. A défaut d'oseille, utilisez des épinards ou des pissenlits.

500 g de pommes de
   terre à chair ferme
sel
2 cuillères à soupe de
   vinaigrette*
4 tomates pelées
2 œufs durs, coupés en
   quartiers
quelques feuilles
   d'oseille, en
   lanières
3 cuillères à soupe de
   mayonnaise*
3 cuillères à soupe de
   yogourt nature

Faites cuire les pommes de terre à l'eau bouillante salée, jusqu'à ce qu'elles soient tendres. Égouttez-les bien, détaillez-les et mettez-les dans une jatte. Assaisonnez-les encore chaudes avec la vinaigrette et remuez. Laissez refroidir.

Coupez les tomates en huit quartiers ; jetez les graines. Ajoutez à la salade avec œufs et oseille, et tournez. Dressez sur un plat de service.

Mélangez la mayonnaise et le yogourt. Nappez-en la salade.

Pour 4 personnes

Pommes de terre Sri Lanka

750 g de pommes de
   terre à chair ferme
sel
6 cuillères à soupe de
   mayonnaise*
1 cuillère à café de
   curry en poudre
1 cuillère à soupe de
   ketchup
4 cuillères à soupe de
   yogourt nature
1 petit oignon haché
   menu
1 petit poivron vert
   épépiné et détaillé

Faites cuire les pommes de terre à l'eau bouillante salée, jusqu'à ce qu'elles soient trendres. Égouttez-les, détaillez-les et mettez-les à refroidir dans une jatte.

Mélangez mayonnaise, curry, ketchup et yogourt, puis versez sur les pommes de terre. Ajoutez l'oignon et le poivron. Remuez pour bien les enrober de sauce. Présentez dans un plat.

Pour 6 personnes

AUTRES SALADES DE LÉGUMES

Certains légumes employés ici gagnent a être blanchis ; cela en accentue la saveur. C'est affaire de goût mais, en général, il vaut mieux blanchir le chou-fleur, les haricots verts et les courgettes. Pour attendrir poireaux et courgettes, on peut aussi les émincer finement et les laisser mariner une nuit dans l'assaisonnement.

Salade de fenouil citronnée

2 bulbes de fenouil
3 cuillères à soupe de persil haché
2 cuillères à soupe de jus de citron
2 cuillères à soupe d'huile d'olive
sel et poivre

Coupez les tiges, la base et les feuilles dures du fenouil. Partagez les bulbes en deux, puis coupez-les en fins bâtonnets. Mettez dans un saladier avec les autres ingrédients ; salez et poivrez. Remuez bien, puis laissez mariner 1 heure. Remuez à nouveau au moment de servir.

Pour 4 personnes

Salade du bocage

3 pommes à peau
    rouge, évidées et
    coupées en quatre
6 cuillères à soupe de
    vinaigrette au
    citron*
1 petit pied de céleri,
    finement émincé
1 botte de cresson,
    divisé en brins
25 g de cerneaux

Émincez les pommes dans un saladier,
ajoutez la vinaigrette et remuez bien.
Ajoutez céleri, cresson et noix,
mélangez bien le tout, puis transférez
dans un plat de service.
Pour 6 à 8 personnes

Champignons sauce à l'ail

500 g de champignons
de Paris
12 cl de vinaigrette à
l'ail*
125 g de lard fumé,
découenné et coupé
en lardons
3 cuillères à soupe de
persil haché

Coupez les pieds des champignons, lavez-les et essuyez-les. Mettez dans une jatte avec la vinaigrette et remuez bien. Laissez reposer plusieurs heures, en tournant de temps en temps, ou une nuit entière si possible.

Faites revenir le lard dans sa graisse. Ajoutez aux champignons avec le persil. Remuez bien et transférez dans un ravier.

Pour 4 à 6 personnes

Tomates-cerises sauce avocat

500 g de
tomates-cerises
pelées
15 cl de sauce à
l'avocat*
1 cuillère à soupe
de persil haché

Disposez les tomates dans un ravier. Nappez-les de sauce et parsemez le tout de persil.

Pour 4 personnes

Chou-fleur mimosa

1 petit chou-fleur
divisé en bouquets
sel
3 œufs durs hachés
15 cl de sauce
roquefort*
1 cuillère à soupe de
ciboulette hachée

Blanchissez le chou-fleur 2 à 3 minutes à l'eau bouillante salée ; égouttez-le et laissez refroidir complètement.

Mettez-le dans une jatte avec les œufs et la sauce, et mélangez bien. Présentez la salade dans un ravier, garnie de ciboulette.

Pour 6 personnes

Pois gourmands en salade

250 g de pois
mange-tout
1 poivron rouge
épépiné et émincé
1 cuillère à soupe de
graines de sésame
grillées
4 cuillères à soupe de
vinaigrette*

Effilez les pois et, s'ils sont gros, coupez-les en deux. Mettez dans une jatte avec les autres ingrédients et remuez bien.

Transférez dans un ravier.

Pour 4 personnes

Macédoine vert jade

Couramment utilisés dans les sautés à la chinoise, les germes de soja s'accordent bien aux autres légumes dans les salades. Très nutritifs, ils sont riches en protéines.

250 g de chou-fleur divisé en petits bouquets

sel

1 avocat coupé en deux, dénoyauté et pelé

6 cuillères à soupe de sauce aux herbes*

250 g de germes de soja frais, préparés

Blanchissez le chou-fleur 2 minutes à l'eau bouillante salée ; égouttez-le et laissez refroidir.

Émincez l'avocat dans la sauce et remuez. Ajoutez le chou-fleur et les germes de soja ; mélangez pour bien les enrober. Transférez dans un plat.

Pour 4 à 6 personnes

Salade de chou-fleur et de champignons

250 g de chou-fleur
    divisé en bouquets
sel
125 g de champignons
    de Paris
1 gros avocat émincé
50 g d'amandes
    effilées grillées
SAUCE :
4 cuillères à soupe de
    mayonnaise*
4 cuillères à soupe de
    crème fraîche
1 cuillère à café de jus
    de citron
1 gousse d'ail pilée
paprika
POUR GARNIR :
1 cuillère à soupe de
    ciboulette hachée

Blanchissez le chou-fleur 2 minutes à l'eau bouillante salée ; égouttez et laissez refroidir complètement. Lavez et émincez les champignons, ajoutez-les au chou-fleur avec avocat et amandes.

Mélangez les ingrédients de la sauce, salez et relevez avec du paprika selon le goût. Assaisonnez les légumes et remuez bien. Présentez dans un plat avec la ciboulette.

Pour 6 à 8 personnes

Salade forestière

250 g de champignons
   de Paris
4 ciboules hachées
6 cuillères à soupe de
   vinaigrette*

Coupez les pieds des champignons, lavez-les et essuyez-les, puis émincez-les en fines lamelles ; mettez dans un saladier avec la ciboule. Versez la vinaigrette et mélangez bien. Laissez reposer 30 minutes, en remuant la salade de temps en temps.

Pour 4 personnes

Haricots verts au lard

250 g de haricots verts
   préparés
sel
75 g de lard
   découenné et coupé
   en lardons
2 cuillères à soupe de
   vinaigrette verte*
quelques feuilles de
   trévisette

Mettez les haricots dans une casserole d'eau bouillante salée et laissez frémir 8 minutes. Égouttez et laissez refroidir.

Faites revenir le lard dans sa graisse jusqu'à ce qu'il soit croustillant. Mettez dans un saladier avec les haricots, ajoutez la vinaigrette et remuez.

Disposez la trévisette sur un plat de service et dressez la salade au centre.

Pour 4 personnes

VARIANTE : Remplacez les lardons par 50 g d'anchois en conserve, égouttés, chaque filet détaillé en trois morceaux.

Salade de tomates à l'oignon

1 kg de tomates
   fermes, pelées,
   épépinées et
   coupées gros
1 cuillère à soupe de
   persil haché
1 oignon d'Espagne
   coupé en rondelles
3 cuillères à soupe de
   vinaigrette au
   citron*

Mettez les tomates dans une jatte avec le persil.

Mélangez l'oignon et la vinaigrette à part et laissez reposer 1 heure en tournant de temps en temps.

Assaisonnez les tomates avec la sauce. Présentez dans un plat.

Pour 4 à 6 personnes

Salade de concombre à la suédoise

La saveur de l'aneth s'accorde merveilleusement bien à celle du concombre ; à votre gré, remplacez-le par du fenouil. Cette salade est délicieuse avec le saumon.

1 concombre
sel
SAUCE :
2 cuillères à soupe
  d'huile
2 cuillères à soupe
  d'aneth ou de
  fenouil haché
4 cuillères à soupe de
  vinaigre de vin
  blanc

Coupez le concombre en fines rondelles et mettez dans une passoire. Saupoudrez généreusement de sel et laissez dégorger 30 minutes.

Entre-temps, mélangez les ingrédients de la sauce dans un bocal qui ferme hermétiquement. Secouez et laissez en attente 30 minutes.

Épongez bien le concombre avec du papier absorbant. Disposez-le dans un plat et nappez de sauce.

Pour 4 à 6 personnes

Salade Waldorf

Cette célèbre salade américaine fut créée par le maître d'hôtel du Waldorf, lors de son inauguration en 1893.

15 cl de mayonnaise*
2 cuillères à soupe de yogourt nature
3 pommes évidées et coupées en dés
4 branches de céleri hachées
25 g de cerneaux émiettés
1 cuillère à soupe de persil haché

Dans un saladier, mélangez la mayonnaise et le yogourt. Ajoutez les pommes, le céleri et les noix ; remuez pour bien les enrober d'assaisonnement.

Disposez la salade sur un plat et parsemez de persil.

Pour 6 à 8 personnes

Salade algérienne

Originaire d'Afrique du Nord, cette salade où se juxtaposent des saveurs relevées accompagne merveilleusement bien l'agneau.

1 concombre coupé en dés
1 petit poivron vert épépiné et coupé en dés
50 g d'olives vertes dénoyautées et hachées
1 cuillère à soupe de coriandre hachée
2 cuillères à soupe de menthe hachée
2 cuillères à café de vinaigre de vin
2 cuillères à soupe d'huile d'olive
sel et poivre

Mélangez tous les ingrédients ; salez et poivrez. Transférez la salade dans un ravier.

Pour 6 personnes

Salade provençale

Les très petites courgettes sont les mieux appropriées à cette salade. Pour qu'elles absorbent la saveur de la sauce, émincez-les crues, en fines rondelles.

250 g de courgettes
  émincées fin
6 cuillères à soupe de
  vinaigrette à l'ail*
6 petites tomates
  émincées
50 g d'olives noires
  dénoyautées
1 cuillère à soupe de
  marjolaine hachée
1 cuillère à soupe de
  persil haché

Mettez les courgettes dans une jatte, versez l'assaisonnement dessus et laissez-les mariner une nuit.

Ajoutez les autres ingrédients, remuez bien et présentez dans un saladier.

Pour 4 à 6 personnes

Petits oignons à l'orientale

La saveur piquante de cette salade s'accorde bien avec les viandes froides.

500 g d'oignons grelots

3 tomates pelées et hachées

1 cuillère à soupe de câpres

2 cuillères à café de concentré de tomates

1/2 cuillère à café de cassonade

2 cuillères à café de vinaigre de vin

2 cuillères à soupe d'huile d'olive

2 cuillères à soupe de persil haché

Plongez les oignons dans l'eau bouillante et blanchissez-les 1 à 2 minutes. Égouttez-les, laissez-les refroidir légèrement, puis pelez-les.

Remettez dans la casserole avec tomates, câpres, concentré, cassonade, vinaigre et huile. Couvrez et laissez frémir 5 minutes, puis ajoutez le persil. Transférez dans un plat de service. Servez frais.

Pour 4 personnes

Salade d'oignons pimentée

Cette salade peut accompagner un cari ou une assiette de viande froide.

5 cuillères à soupe de vinaigre de cidre

3 cuillères à soupe d'eau

1 piment épépiné et haché

sel et poivre

2 oignons d'Espagne émincés

Mélangez le vinaigre, l'eau et le piment avec du sel et du poivre.

Mettez l'oignon dans un plat de service ; versez l'assaisonnement dessus. Laissez reposer 1 heure, en remuant de temps en temps.

Pour 6 personnes

Julienne sauce aux herbes

4 branches de céleri

1/2 concombre

sel

1/2 bulbe de fenouil

6 cuillères à soupe de sauce aux herbes*

Pour 4 personnes

Détaillez le céleri et le concombre en bâtonnets de 3 cm de long. Mettez le concombre dans une passoire, saupoudrez de sel et laissez dégorger 30 minutes.

Coupez les tiges, la base et les feuilles dures du fenouil. Coupez-le en deux et émincez-le finement.

Épongez le concombre avec du papier absorbant. Mettez-le dans un saladier avec le fenouil et le céleri.

Tomates à la grecque

La saveur marquée du basilic relève merveilleusement celle des tomates, tandis que la douceur de l'huile d'olive confère tout son caractère à cette délicieuse salade, fort rafraîchissante en été.

500 g de grosses tomates
sel et poivre
3 cuillères à soupe d'huile d'olive
2 cuillères à soupe de basilic haché

Coupez les tomates en fines rondelles et disposez-les dans un plat de service, en salant et poivrant au fur et à mesure. Arrosez d'huile et parsemez de basilic.
Pour 4 personnes

Concombre à la menthe

Cette salade rafraîchissante peut aussi se servir avec des plats épicés, par exemple un cari d'agneau.

1 concombre finement émincé
sel
1 bouquet de menthe, finement haché
8 cuillères à soupe de sauce au yogourt*

Mettez le concombre dans une passoire, saupoudrez-le de sel et laissez-le dégorger 30 minutes. Séchez-le avec du papier absorbant et disposez-le sur un plat de service. Ajoutez la menthe, puis la sauce et remuez.
Pour 4 à 6 personnes
VARIANTES : 1. Parez 4 ciboules, émincez-les et ajoutez au concombre. 2. Coupez 4 tomates en rondelles fines, que vous alternerez avec celles de concombre.

Salade de tomates aux poireaux

500 g de tomates, en rondelles
125 g de petits poireaux émincés
4 cuillères à soupe de sauce mixte*
1 cuillère à soupe de persil haché

Alternez tomates et poireaux dans un plat de service, en terminant par des poireaux. Nappez uniformément de sauce et parsemez de persil.
Pour 4 personnes
NOTE : Pour adoucir la saveur des poireaux, vous pouvez les laisser mariner 15 minutes dans la sauce avant de les mélanger aux tomates.

POISSON, VIANDE ET FROMAGE

Les salades regroupées dans ce chapitre peuvent, en été, faire office de plat principal, léger et délicieux. Bon nombre d'entre elles, emballées dans une boîte en plastique rigide, seront appréciées au cours d'un pique-nique. Toutefois, vous pourrez servir la plupart de ces salades nutritives en entrée.

Tomates aux crevettes

1/2 concombre
4 tomates pelées,
*   épépinées et*
*   concassées*
350 g de crevettes
*   roses décortiquées*
15 cl de mayonnaise
*   rose**
feuilles de laitue
crevettes entières pour
*   garnir*

Coupez le concombre en julienne de 2,5 cm de long. Mettez dans une jatte avec tomates et crevettes. Nappez de mayonnaise et remuez bien le tout.

Disposez la laitue sur un plat de service, dressez la salade au centre et garnissez avec les crevettes.

Pour 4 personnes

Avocat au crabe

350 g de chair de crabe
15 cl de sauce à l'avocat*
2 avocats coupés en deux, dénoyautés et pelés
2 cuillères à soupe de vinaigrette*
1 cuillère à soupe de graines de potiron (facultatif)

Émiettez la chair de crabe. Dans un saladier, mélangez-la à la moitié de la sauce.

Émincez les avocats dans le sens de la longueur, disposez les tranches sur un plat de service et badigeonnez-les de vinaigrette.

Placez le crabe au centre, nappez avec le reste de sauce à l'avocat et, le cas échéant, parsemez de graines de potiron.

Pour 4 personnes

Tomates beau rivage

1 laitue
500 g de tomates, en
   rondelles
1/2 oignon
   d'Espagne, en
   anneaux
2 boîtes de sardines à
   l'huile égouttées (2
   x 120 g)
4 cuillères à soupe de
   vinaigrette*
1 cuillère à soupe de
   persil haché

Disposez la laitue sur un plat et
recouvrez-la de tomates et d'oignon.
Placez les sardines en rosace, queue
vers le centre, sur les légumes. Arrosez
uniformément de vinaigrette et
parsemez de persil.
Pour 4 personnes
VARIANTE : Ajoutez à la vinaigrette
2 cuillères à soupe de ketchup et
1 cuillère à soupe de câpres bien
égouttées.

Salade de haricots au thon

250 g de haricots
   blancs, mis à
   tremper une nuit
eau
sel
6 tomates pelées
50 g d'olives noires
   dénoyautées
1 oignon émincé
2 cuillères à soupe de
   persil haché
1 boîte de thon
   (200 g), égoutté
4 cuillères à soupe de
   vinaigrette à l'ail*

Égouttez les haricots et mettez-les dans une casserole avec de l'eau froide à hauteur. Portez à ébullition, couvrez et laissez frémir 1 heure à 1 h 30, jusqu'à ce qu'ils soient tendres, en salant un peu en fin de cuisson. Égouttez-les et laissez refroidir.

Coupez les tomates en huit quartiers et mettez dans un saladier avec haricots, olives, oignon et persil. Émiettez le thon et ajoutez-le à la salade. Assaisonnez et remuez bien.

Transférez sur un plat de service et servez avec une salade verte.

Pour 6 personnes

Salade de saumon nordique

2 cuillères à soupe de
  sel fin de mer
2 cuillères à soupe de
  sucre semoule
1 cuillère à café de
  poivre du moulin
2 cuillères à soupe
  d'aneth haché
750 g de saumon, pris
  dans la queue, en
  filets
1 bulbe de fenouil
2 cuillères à soupe de
  vinaigrette au
  citron*
SAUCE A
L'ANETH :
2 cuillères à soupe de
  moutarde
1 cuillère à soupe de
  sucre semoule
1 cuillère à soupe de
  vinaigre de vin
6 cuillères à soupe
  d'huile d'olive
2 cuillères à soupe de
  crème fraîche
2 cuillères à soupe
  d'aneth haché

Mélangez sel, sucre, poivre et aneth. Étalez-en la moitié au fond d'un plat, disposez le saumon dessus et saupoudrez avec le reste du mélange. Couvrez et laissez mariner 2 à 3 jours au réfrigérateur, en tournant le saumon chaque jour.

Coupez les tiges, la base et les feuilles dures du fenouil ; réservez quelques feuilles tendres pour garnir. Taillez le bulbe en fins bâtonnets. Mettez dans un saladier et versez la vinaigrette. Remuez bien ; laissez mariner 1 heure.

Pour la sauce, battez la moutarde, le sucre et le vinaigre. Ajoutez l'huile peu à peu, en remuant bien au fur et à mesure que vous versez. Incorporez la crème, puis l'aneth.

Retirez la peau du saumon, coupez-le en lanières de 3 mm de large, en diagonale, que vous disposerez sur un plat. Nappez-le de sauce à l'aneth et mettez le fenouil de part et d'autre. Garnissez de feuilles de fenouil. Servez avec du pain de seigle.

Pour 4 personnes

Harengs à la suédoise

4 rollmops
125 g de betterave
  rouge cuite, en dés
250 g de pommes de
  terre cuites, en dés
1 petit oignon haché
2 cornichons malossol
  hachés
15 cl de sauce à la
  crème et au citron*
2 œufs durs hachés
1 cuillère à soupe
  d'aneth ou de
  fenouil haché

Déroulez les rollmops, coupez-les en deux dans le sens de la longueur, puis en fines lamelles. Mettez dans un saladier avec les légumes, versez la sauce et remuez bien.

Transférez la salade dans un plat de service. Répartissez les œufs durs dessus et garnissez d'aneth ou de fenouil.

Pour 4 personnes

Salade niçoise

500 g de tomates, en
  rondelles
3 œufs durs émincés
1 boîte de thon (200
  g), égoutté et
  émietté
250 g de haricots verts
  cuits
2 cuillères à soupe
  d'herbes hachées
  (persil, ciboulette,
  marjolaine)
6 cuillères à soupe de
  vinaigrette*
1/2 concombre
  émincé
1 boîte de filets
  d'anchois (50 g),
  égouttés
8 olives noires
  dénoyautées

Mettez la moitié des tomates dans un
plat, puis ajoutez œufs, thon, haricots
et herbes. Versez la moitié de la
vinaigrette. Couvrez avec le concombre
et le reste des tomates.

Coupez les anchois en deux dans le
sens de la longueur et disposez-les en
croisillons sur la salade. Mettez une
demi-olive au centre de chaque losange
et assaisonnez avec le reste de sauce.

Pour 4 personnes

VARIANTE : Vous pouvez aussi
couper tomates et œufs en quartiers
avant de les mélanger aux autres
ingrédients. Servez dans un saladier
garni de laitue.

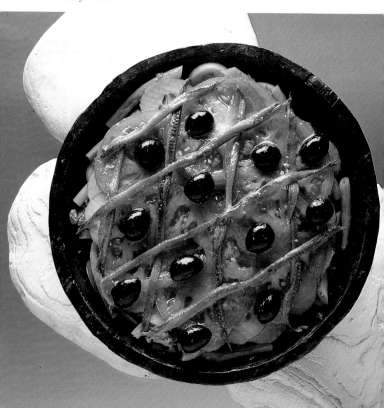

Émincé de poulet et d'avocat

2 avocats coupés en
    deux, dénoyautés et
    pelés
2-3 cuillères à café de
    jus de citron
250 g de poulet cuit,
    en morceaux
1 boîte de châtaignes
    d'eau (230 g),
    égouttées et
    émincées
6 cuillères à soupe de
    yogourt nature
1/2 cuillère à café de
    sauce
    Worcestershire
sel et poivre
6 cuillères à soupe de
    mayonnaise*

Émincez l'un des avocats. Réservez 3 tranches et arrosez-les de jus de citron.

Mettez les autres dans un saladier, versez le reste de jus de citron et remuez bien ; ainsi, elles ne noirciront pas. Ajoutez le poulet et les châtaignes ; mélangez bien.

Mettez le second avocat dans un mixeur avec le yogourt, la sauce anglaise, du sel et du poivre. Quand le mélange est onctueux, ajoutez la mayonnaise et mélangez.

Assaisonnez la salade et remuez le tout. Transférez sur un plat de service et garnissez avec les tranches d'avocat réservées.

Pour 4 personnes

Salade d'épinards aux foies de volaille

250 g d'épinards
3 cuillères à soupe de vinaigrette*
1 tranche épaisse de jambon cuit (125 g)
2 cuillères à soupe d'huile d'olive
4 foies de volaille, en lamelles
2 cuillères à soupe de vinaigre de cidre
poivre

Équeutez les épinards, lavez-les et épongez-les bien. Ciselez-les en lanières. Mettez dans un saladier avec la vinaigrette, remuez et laissez reposer 10 minutes.

Détaillez le jambon en lanières de 5 mm de large. Faites chauffer une cuillère à soupe d'huile dans une poêle et faites dorer le jambon. Répartissez sur les épinards.

Faites chauffer le reste d'huile, ajoutez les foies et laissez-les dorer 3 à 4 minutes. Disposez sur la salade.

Versez le vinaigre dans la poêle et remuez pour déglacer. Ajoutez à la salade, poivrez bien et tournez. Cette salade est parfaite pour un repas léger.
Pour 4 personnes

Salade de poulet à l'indienne

3 branches de céleri
350 g de poulet cuit, coupé en lanières
1 boîte d'ananas (225 g), égoutté
50 g d'amandes effilées grillées
6 cuillères à soupe de mayonnaise*
4 cuillères à soupe de yogourt nature
1 cuillère à café de curry en poudre
1 cuillère à soupe de ketchup
feuilles de laitue

Coupez le céleri en bâtonnets de 3 cm x 5 mm. Mettez dans un saladier avec le poulet, l'ananas coupé en dés et les amandes. Remuez le tout.

Mélangez la mayonnaise, le yogourt, le curry et le ketchup, nappez-en la salade et tournez.

Disposez la laitue dans un plat de service et placez la salade au centre.
Pour 4 à 6 personnes

Salade de la ferme

350 g de fromage
blanc de campagne
bien égoutté
3 tomates pelées,
épépinées et
concassées
1/4 de concombre, en
dés
sel et poivre
feuilles de chicorée
frisée

Mettez fromage, tomates et concombre dans un saladier et mélangez bien le tout ; salez et poivrez selon le goût.

Disposez la frisée dans quatre raviers et mettez la salade au centre. Servez avec du pain de campagne.

Pour 4 personnes

Salade des îles grecques

6 tomates coupées en
quartiers
1/2 concombre, en
dés
1 petit oignon émincé
1 petit poivron vert
épépiné et coupé
gros
3 cuillères à soupe
d'huile d'olive
1 cuillère à soupe de
vinaigre de vin
sel et poivre
175 g de feta, en cubes
125 g d'olives noires
1 cuillère à café
d'origan séché

Mettez tous les légumes dans un saladier et mélangez. Versez l'huile et le vinaigre, salez, poivrez et remuez bien.

Transférez dans un plat. Répartissez le fromage et les olives sur la salade et parsemez d'origan.

Pour 4 personnes

NOTE : La feta est un fromage à base de lait de brebis ou de chèvre, vendu dans les épiceries grecques.

Salade de tomates italienne

500 g de tomates, en
fines rondelles
sel et poivre
250 g de mozzarella,
en tranches
3 cuillères à soupe
d'huile d'olive
4 cuillères à soupe de
persil haché

Disposez les tomates dans un plat de service, en salant et poivrant entre chaque couche. Placez la mozzarella dessus, une tranche chevauchant la précédente. Arrosez d'huile et parsemez de persil.

Servez avec une salade verte et, éventuellement, du salami et du pain bis.

Pour 4 personnes

SALADES DE RIZ ET DE LÉGUMES SECS

Les légumes secs, sauf les lentilles et les pois cassés, doivent tremper une nuit avant la cuisson. N'utilisez pas l'eau de trempage pour les cuire, mais couvrez-les d'eau fraîche. Salez en fin de cuisson seulement.

Salade ardéchoise

125 g de haricots rouges mis à tremper une nuit
125 g de haricots blancs mis à tremper une nuit
sel
125 g de haricots verts
125 g de fèves écossées
6 cuillères à soupe de vinaigrette à l'ail*
2 cuillères à soupe de persil haché

Égouttez les haricots. Faites-les cuire séparément 1 heure à 1 h 30. Salez en fin de cuisson. Égouttez et mettez dans un plat creux.

Détaillez les haricots verts en tronçons de 2 cm de long. Faites-les cuire avec les fèves 7 à 8 minutes dans de l'eau bouillante salée. Égouttez et ajoutez au contenu du plat. Versez la sauce sur les ingrédients chauds, mélangez et laissez refroidir. Garnissez de persil. Transférez dans un plat de service.

Pour 8 personnes

Salade mexicaine

175 g de haricots
  rouges mis à
  tremper une nuit
sel
6 cuillères à soupe de
  vinaigrette
  pimentée*
1 boîte de maïs (200 g)
  égoutté
1 poivron rouge
  épépiné et haché
2 cuillères à soupe de
  persil haché

Égouttez les haricots, faites-les cuire, à couvert 1 heure à 1 h 30, en salant un peu vers la fin de la cuisson.

Égouttez-les bien et mettez-les dans un plat creux. Versez la vinaigrette dessus, puis remuez pendant qu'ils sont encore chauds. Laissez refroidir.

Mélangez le maïs et le poivron aux haricots. Tournez la salade et rectifiez l'assaisonnement, si besoin est. Transférez dans un saladier et parsemez de persil haché pour servir.

Pour 4 à 6 personnes

Salade paysanne

175 g de haricots noirs
   mis à tremper une
   nuit
sel
6 cuillères à soupe de
   vinaigrette à l'ail*
75 g de poitrine
   fumée, coupée en
   lardons
1 poivron rouge
   épépiné et émincé
3 branches de céleri
   émincées

Égouttez les haricots, et faites-les cuire, à couvert 1 h 30 à 2 heures, en salant un peu vers la fin de la cuisson.

Égouttez bien les haricots. Mettez-les dans un saladier avec la vinaigrette et remuez pendant qu'ils sont encore chauds.

Faites revenir le lard dans sa graisse ; quand il est croustillant, ajoutez-le à la salade et laissez refroidir.

Mettez poivron et céleri, remuez et transférez dans un plat de service.

Pour 6 à 8 personnes

Salade de pois chiches

250 g de pois chiches
   mis à tremper une
   nuit
sel
4 cuillères à soupe de
   vinaigrette au
   gingembre*
1 petit oignon émincé
1 poivron rouge
   épépiné et coupé en
   dés
2 cuillères à soupe de
   persil haché

Égouttez les pois chiches et faites-les cuire 1 h 30 à 2 heures, en salant un peu en fin de cuisson.

Égouttez les pois et mettez dans un saladier. Versez la sauce dessus et remuez bien pendant qu'ils sont encore chauds. Laissez refroidir.

Ajoutez les autres ingrédients, remuez avant de servir.

Pour 6 personnes

Salade de Louisiane

175 g de cornilles mis
   à tremper une nuit
sel
125 g de champignons
   de Paris lavés et
   émincés
4 cuillères à soupe de
   vinaigrette*
1 petit poivron rouge
   épépiné et émincé
2 cuillères à soupe de
   persil haché

Égouttez les haricots et faites-les cuire à couvert 40 à 45 minutes, en salant un peu en fin de cuisson.

Égouttez-les bien et mettez-les dans un plat creux avec les champignons. Versez la vinaigrette et remuez bien les haricots pendant qu'ils sont chauds. Laissez refroidir.

Ajoutez le poivron et le persil, mélangez le tout et transférez dans un saladier.

Pour 6 personnes

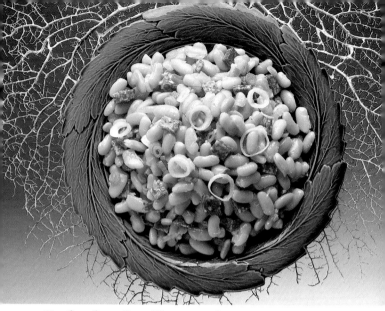

Salade de flageolets

250 g de flageolets
 mis à tremper une
 nuit
sel
6 cuillères à soupe de
 vinaigrette à l'ail*
50 g de salami coupé
 en carrés de 5 mm
4 ciboules émincées

Égouttez les haricots et faites-les cuire, à couvert, 1 h 15 à 1 h 30 en salant un peu en fin de cuisson. Egouttez-les bien et mettez-les dans un saladier. Versez la sauce et remuez pendant qu'ils sont chauds. Laissez refroidir.

Ajoutez salami et ciboule aux flageolets. Remuez bien pour servir. **Pour 4 à 6 personnes**

Salade de lentilles

250 g de lentilles
 vertes du Puy
sel et poivre
6 cuillères à soupe de
 vinaigrette à l'ail*
4 tomates pelées et
 hachées
1 petit oignon haché
125 g de germes de
 soja
2 branches de céleri
 émincées
1 cuillère à soupe de
 sarriette hachée

Couvrez les lentilles d'eau bouillante et laissez-les tremper 20 minutes. Égouttez, mettez dans une casserole avec de l'eau froide et portez à ébullition. Salez légèrement et laissez frémir 20 minutes à couvert. Égouttez et mettez dans un saladier. Versez la sauce et remuez immédiatement. Laissez refroidir.

Ajoutez les autres ingrédients, salez et poivrez. Remuez bien avant de transférer dans un plat de service. **Pour 6 à 8 personnes**

Taboulé

Le bulgur est constitué de grains de blé bouillis et éclatés. Le taboulé est originaire du Moyen-Orient.

125 g de bulgur
50 g de persil
4 cuillères à soupe de
   menthe hachée
1 oignon finement
   émincé
3 cuillères à soupe de
   jus de citron
4 cuillères à soupe
   d'huile d'olive
3 tomates pelées,
   épépinées et
   concassées
sel et poivre

Faites tremper le bulgur 1 heure dans de l'eau froide. Égouttez complètement, puis mettez dans une jatte.

Hachez le persil finement et ajoutez au bulgur avec les autres ingrédients. Salez et poivrez bien. Mélangez le tout et transférez dans un plat de service.

Pour 6 personnes

NOTE : Vous pouvez remplacer le bulgur par de la semoule de couscous.

Salade de riz indonésienne

175 g de riz brun
sel
6 ciboules
1 poivron rouge
épépiné et coupé en
dés
50 g de raisins secs
50 g de noix de cajou
grillées
2 cuillères à soupe de
graines de
tournesol grillées
6 cuillères à soupe de
vinaigrette sauce

soja*
3 cuillères à soupe de
persil haché

Faites cuire le riz 30 à 40 minutes à
l'eau bouillante salée. Rincez et
égouttez. Hachez menu la ciboule.

Mettez le riz encore chaud dans une
jatte avec la ciboule et les autres
ingrédients. Remuez bien et transférez
dans un plat de service.

Pour 6 à 8 personnes

NOTE : pour augmenter le volume,
ajoutez du maïs et un poivron vert
coupé en dés.

Salade de riz Malaka

75 g d'abricots secs
    hachés
125 g de riz long grain
sel
1 cuillère à soupe
    d'huile de maïs
50 g d'amandes
    effilées
1 cuillère à café de
    noix de muscade
    râpée
3 branches de céleri en
    dés
4 ciboules émincées
1 cuillère à soupe de
    coriandre hachée
4 cuillères à soupe de
    vinaigrette*

Couvrez les abricots d'eau bouillante, laissez gonfler 1 heure, puis égouttez.

Mettez le riz dans une casserole d'eau bouillante salée et laissez frémir 12 à 15 minutes, jusqu'à ce que les grains soient tendres. Rincez bien, égouttez et laissez refroidir légèrement.

Dans une poêle avec l'huile chaude, faire dorer les amandes, ajoutez la muscade et faites revenir quelques secondes encore.

Placez le riz tiède dans un saladier avec les abricots et le contenu de la poêle. Mélangez avec le céleri, la ciboule et la coriandre, puis versez la vinaigrette. Remuez bien au moment de servir.

Pour 4 personnes

Salade de riz vert pré

175 g de riz long grain
sel
1/2 concombre en dés
4 branches de céleri en
    dés
1 poivron vert épépiné
    et coupé en dés
6 ciboules émincées
2 cuillères à soupe de
    menthe hachée
6 cuillères à soupe de
    vinaigrette verte*

Faites cuire le riz 12 à 15 minutes à l'eau frémissante salée, jusqu'à ce qu'il soit tendre. Rincez bien et égouttez.

Dans un saladier, mélangez le riz encore chaud aux autres ingrédients, remuez bien et transférez dans un plat de service.

Pour 6 à 8 personnes

SAUCES

Une sauce faite dans les règles de l'art peut métamorphoser une salade et la rendre encore plus appétissante. Il importe d'utiliser des ingrédients de qualité, à commencer par l'huile. Les huiles, extraites de divers fruits gras ou graines, ont toutes une saveur particulière. Les huiles non raffinées sont plus aromatiques que les autres et, malgré leur prix plus élevé, valent la peine d'être employées dans les sauces pour salades.

L'huile d'olive, en raison de sa finesse, est sans conteste supérieure aux autres huiles pour assaisonnement. L'huile vierge, la meilleure, provient d'olives pressées. De teinte verte, elle est très fruitée et aromatique. Un peu lourde pour la mayonnaise, et trop forte au goût de certains, il vaut mieux la mélanger à de l'huile de tournesol, plus douce, à l'arrière-goût de noisettes et excellente pour tous les assaisonnements.

L'huile de sésame, agréablement ambrée, se reconnaît à sa saveur plutôt marquée. Elle donne un parfum insolite aux sauces, que l'on peut même renforcer en ajoutant quelques graines de sésame grillées.

Prenez toujours un vinaigre de vin, de cidre ou aromatisé — le vinaigre de malt est trop âpre. Vous pouvez aussi le remplacer par du jus de citron. Les vinaigres aromatisés rendent de grands services en hiver, lorsque les herbes fraîches font défaut. Comptez une cuillère de vinaigre pour trois à quatre d'huile. Si la sauce paraît huileuse au goût, ajoutez un peu de sel. Préférez le poivre du moulin et une moutarde forte.

La vinaigrette se garde plusieurs semaines dans une bouteille, aussi est-il préférable d'en confectionner une grosse quantité à la fois. Les sauces à base de yogourt, de crème fraîche et d'œufs se conservent quelques jours au réfrigérateur, dans un récipient hermétique.

Pour qu'une salade verte ne se flétrisse pas, assaisonnez-la au dernier moment. Dans certaines recettes, toutefois, lorsque les ingrédients doivent absorber la saveur de la sauce, assaisonnez-les à l'avance et laissez-les mariner quelques heures ou, parfois, une nuit.

Vinaigrette verte

15 cl d'huile d'olive
4 cuillères à soupe de
    vinaigre de vin
1 gousse d'ail pilée
2 cuillères à soupe
    d'herbes hachées
    (estragon, persil,
    ciboulette et thym)
sel et poivre

Mettez tous les ingrédients dans un bocal muni d'un couvercle qui se visse ; salez et poivrez selon le goût. Secouez bien, puis agitez à nouveau au moment de l'emploi.
Pour 25 cl

Vinaigrette au citron jaune ou vert : remplacez le vinaigre par 4 cuillères à soupe de jus de citron jaune ou vert, fraîchement pressé.

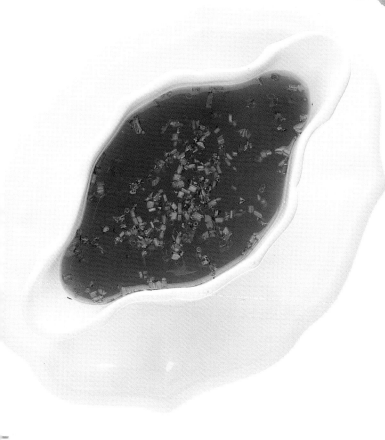

Vinaigrette à l'ail

15 cl d'huile
   d'arachide
4 cuillères à soupe de
   vinaigre de vin
1 cuillère à café de
   moutarde
1 gousse d'ail pilée
sel et poivre

Mettez tous les ingrédients dans un bocal fermant hermétiquement ; salez et poivrez selon le goût. Agitez pour mélanger.

Pour 25 cl

Vinaigrette à la moutarde de Meaux : ajoutez 2 cuillères à soupe de moutarde de Meaux.

Vinaigrette à l'ail : ajoutez 4 gousses d'ail pilées.

Sauce mixte

4 cuillères à soupe de
   jus de citron
2 cuillères à soupe
   d'huile d'arachide
2 cuillères à soupe
   d'huile d'olive
sel et poivre

Mettez tous les ingrédients dans un bocal fermant hermétiquement. Secouez pour mélanger au moment de l'emploi.

Pour 15 cl

Sauce au roquefort

50 g de roquefort
15 cl de crème fraîche
1 cuillère à soupe de
* ciboulette hachée*
sel et poivre

Écrasez le fromage et incorporez la crème afin d'obtenir une préparation onctueuse. Ajoutez la ciboulette ; salez et poivrez. Conservez au frais.
Pour 25 cl

Vinaigrette à la sauce soja

15 cl d'huile de
* tournesol*
4 cuillères à soupe de
* sauce soja*
2 cuillères à soupe de
* jus de citron*
1 gousse d'ail pilée
sel et poivre

Mettez tous les ingrédients dans un bocal fermant hermétiquement. Secouez pour mélanger.
Pour 30 cl

Vinaigrette au gingembre : ajoutez une pincée de gingembre en poudre, ou un morceau de gingembre de 2 cm, pelé et haché menu.
Vinaigrette pimentée : ajoutez un piment vert épépiné et haché menu.

Sauce à la crème et au citron

15 cl de crème fraîche
1 cuillère à soupe de
   jus de citron
1 gousse d'ail pilée
1 cuillère à soupe de
   yogourt goût
   « bulgare »
sel et poivre

Mettez tous les ingrédients dans un grand bol ; salez et poivrez. Mélangez à la fourchette.

Pour 15 cl environ

Sauce à l'avocat : mettez un avocat pelé et coupé en morceaux dans un mixeur, avec 5 cuillères à soupe de crème fraîche et 1 cuillère à café de sauce Worcestershire. Travaillez le tout pour obtenir une préparation homogène, que vous mélangerez à la sauce à la crème et au citron.

Pour 35 cl

Mayonnaise rapide

1 œuf
1/2 cuillère à café de
   sel
1/2 cuillère à café de
   poivre
1 cuillère à café de
   moutarde
2 cuillères à café de
   vinaigre de vin
30 cl d'huile (ou un
   mélange égal
   d'huile d'olive et
   d'huile de
   tournesol)

Placez dans un mixeur l'œuf, les assaisonnements et le vinaigre, et travaillez le tout quelques secondes à vitesse moyenne. Ajoutez alors l'huile goutte à goutte, puis en filet mince à mesure que la mayonnaise monte.

Conservez 10 jours maximum au réfrigérateur.

Pour 30 cl environ

Mayonnaise rose : pelez, épépinez et hachez 2 tomates. Mettez-les dans un mixeur avec 1 gousse d'ail pilée, 1/2 cuillère à café de cassonade et 2 cuillères à café de concentré de tomates. Travaillez le tout 30 secondes à vitesse maximum, puis incorporez à la mayonnaise.

Mayonnaise classique : remplacez l'œuf par 2 jaunes d'œufs. Battez-les avec les assaisonnements dans un bol. Ajoutez l'huile goutte à goutte, en tournant constamment. Quand la mayonnaise prend, versez l'huile en filet mince. Incorporez le vinaigre.

Sauce au yogourt

*150 g de yogourt
nature
1 gousse d'ail pilée
1 cuillère à soupe de
vinaigre de cidre
sel et poivre*

Placez tous les ingrédients dans un grand bol avec sel et poivre. Mélangez à la fourchette.

Pour 15 cl environ

Sauce aux herbes : mettez les ingrédients ci-dessus dans un mixeur, avec 15 g de persil, 15 g de menthe et de ciboulette. Travaillez le tout 1 à 2 minutes à vitesse maximum. Laissez au frais jusqu'au moment de servir. Remuez bien avant emploi.

Pour 25 cl

SALADES DE FRUITS

Une salade de fruits doit être fraîche, légère et mettre l'eau à la bouche. Prenez des fruits de premier choix, si possible fraîchement cueillis.

Certains fruits ont une affinité particulière pour d'autres. Ainsi, l'orange rehausse la saveur des fraises et des cassis ; la papaye prend une note résolument exotique avec du citron vert. L'eau de rose et l'eau de fleur d'oranger parfument subtilement la plupart des fruits, tandis que les liqueurs comme le Cointreau ou le Grand-Marnier en renforcent considérablement la saveur. L'eau-de-vie de framboise se marie fort bien avec n'importe quel fruit rouge.

Ne détaillez pas les fruits en petits morceaux identiques ; au contraire, tenez compte de leur forme naturelle pour obtenir un mets agréable à l'œil et appétissant.

L'été est la meilleure époque pour les salades de fruits. Toutefois, en hiver, vous pouvez en confectionner d'aussi excellentes. Les fruits secs et les nombreuses conserves de fruits tropicaux, associés aux autres produits de saison, permettent de préparer une délicieuse salade de fruits à tout moment de l'année.

Salade de fruits rouges

2 cuillères à soupe de
miel liquide
15 cl de vin rouge
15 cl de jus d'orange
250 g de cassis
250 g de fraises
250 g de framboises
1 cuillère à soupe
d'arrow-root

Versez le miel, le vin et le jus d'orange dans une casserole. Ajoutez les cassis, portez à ébullition, couvrez et laissez frémir 10 minutes, jusqu'à ce qu'ils soient tendres.

Passez les fruits, en réservant le sirop. Mettez les cassis dans une coupe en verre avec les autres fruits.

Remettez le sirop dans la casserole et portez à ébullition. Délayez l'arrow-root dans un peu d'eau et versez dans le sirop. Faites cuire, en remuant, jusqu'à ce qu'il soit transparent. Nappez-en les fruits ; laissez refroidir avant de mettre au frais. Servez avec de la crème fouettée.
Pour 8 personnes

Macédoine verte

15 cl de jus de pomme
1 cuillère à soupe de
   miel liquide
3 cuillères à soupe de
   kirsch ou de
   Chartreuse
1 poire
1 pomme à peau verte
1 melon à chair verte
   coupé en deux et
   épépiné
125 g de grains de
   raisin
2 kiwis pelés et
   émincés
feuilles de citronnelle
   hachées

Dans un saladier, mélangez le jus de pomme, le miel et la liqueur. Évidez et émincez la poire et la pomme. Mettez-les dans le jus parfumé et remuez pour bien les enrober. Coupez la chair du melon en cubes. Ajoutez-la aux autres fruits avec le raisin et les kiwis, et laissez macérer 1 heure, en tournant de temps en temps.

Transférez dans un plat de service. Parsemez de citronnelle pour servir.
Pour 4 à 6 personnes

Pêches et fruits de la passion Chantilly

3 fruits de la passion
6 pêches pelées,
   dénoyautées et
   émincées
12 cl de crème fraîche
2 cuillères à soupe
   d'eau de fleur
   d'oranger
   (facultatif)

Avec un couteau pointu, coupez les fruits de la passion en deux et prélevez-en la chair. Mettez-la dans un saladier avec les pêches. Remuez, puis répartissez dans quatre coupelles.

Fouettez la crème avec l'eau de fleur d'oranger, jusqu'à ce que la masse soit ferme. Au moment de servir, mettez un peu de crème sur chaque portion.

Pour 4 personnes

NOTE : Le fruit de la passion est bon à consommer lorsque l'écorce est alvéolée.

Salade de papaye Tahiti

La papaye a une chair rose orangée délicieuse, protégée par une écorce tachetée de vert et de jaune. Excellente dans une salade de fruits, elle est aussi exquise arrosée de jus de citron vert.

1 papaye
jus de 1/2 citron vert
1 pamplemousse à
*   chair rose*
rondelles de citron
*   vert pour décorer*
Pour 4 personnes

Coupez la papaye en quartiers et retirez-en les graines. Pelez-la, puis émincez-la dans une coupe en verre. Versez le jus de citron.

Pelez le pamplemousse, en enlevant bien la peau blanche, et séparez les quartiers. Ajoutez à la papaye et mettez au frais avant de servir.

Présentez avec des rondelles de citron.

NOTE : la papaye est mûre lorsque, logée au creux de votre main, elle cède légèrement sous la pression des doigts.

Salade des Caraïbes

1 melon charentais
*   coupé en deux et*
*   épépiné*
1 mangue pelée
1 banane
3 cuillères à soupe de
*   rhum blanc*
brins de citronnelle
*   pour décorer*
*   (facultatif)*
Pour 4 à 6 personnes

Prélevez la chair du melon et émincez-la. Réservez les écorces. Coupez la mangue en deux ; retirez le noyau avec un couteau pointu. Émincez la chair et mettez-la avec le melon dans un saladier.

Émincez la banane. Ajoutez-la aux autres fruits avec le rhum et remuez. Répartissez dans les écorces de melon et décorez avec la citronnelle.

NOTE : la mangue est mûre lorsque, logée dans le creux de votre main, elle cède légèrement sous la pression des doigts.

Salade exotique

2 oranges
1 boîte de goyaves
*   (400 g) au naturel*
2 bananes (facultatif)
125 g de raisin noir
*   épépiné*
2 fruits de la passion
Pour 6 personnes

Pelez les oranges à vif et séparez les quartiers. Mettez-les dans une coupe en verre avec le jus des goyaves. Émincez les goyaves et les bananes. Ajoutez aux oranges avec le raisin.

Coupez les fruits de la passion et prélevez la chair, que vous mélangerez aux autres fruits. Servez avec de la crème fouettée.

Fraises au Grand Marnier

500 g de fraises
  préparées
2 cuillères à soupe de
  sucre en poudre
zeste râpé et jus de
  1/2 orange
2 cuillères à soupe de
  Grand Marnier

Répartissez la moitié des fraises dans quatre coupelles.

Mettez le reste dans un saladier avec le sucre et le zeste d'orange. Écrasez-les à la fourchette. Ajoutez le jus d'orange et la liqueur, et mélangez bien. Versez ce coulis sur les fraises. Mettez au frais jusqu'au dessert.

Servez avec de la crème fouettée.

Pour 4 personnes

Fruits rouges au Cointreau

La macération dans un sirop attendrit les fruits — aussi est-il préférable de préparer cette salade la veille.

zeste râpé et jus d'une orange
2 cuillères à soupe de miel liquide
3 cuillères à soupe de Cointreau
250 g de groseilles rouges
250 g de cassis

Mélangez le zeste et le jus d'orange avec le miel et le Cointreau. Mettez les fruits dans un saladier, nappez-les de sirop et laissez macérer une nuit au frais.

Servez avec de la crème fouettée.

Pour 4 personnes

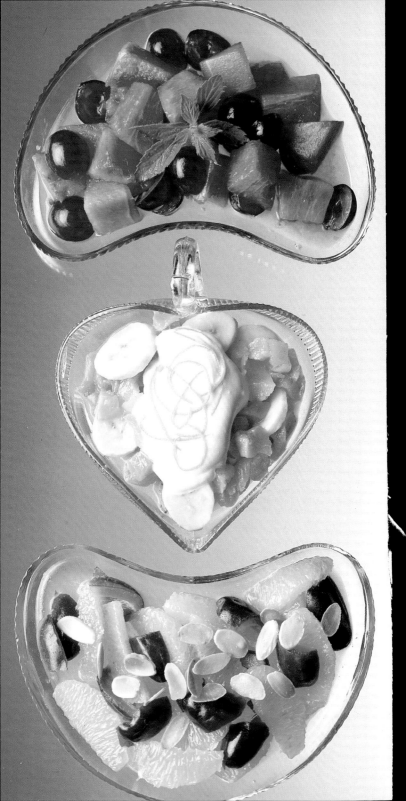

Salade de pastèque et de raisin

1 petite pastèque
250 g de raisin noir coupé en deux et épépiné
jus de 1 citron
2 cuillères à soupe de miel liquide
3-4 cuillères à soupe de curaçao
brins de menthe pour décorer

Ouvrez la pastèque, retirez les graines et prélevez la chair. Détaillez-la en cubes. Mettez dans une jatte avec le raisin. Mélangez le jus de citron, le miel et le curaçao. Versez sur les fruits et laissez macérer 1 heure, en remuant de temps en temps.

Répartissez la salade dans des coupelles en verre, nappez de sirop et décorez de menthe.

Pour 6 personnes

Coupes à l'orange

250 g d'abricots secs hachés gros
30 cl de jus d'orange
2 bananes
2 cuillères à soupe de Grand Marnier
1 orange
15 cl de crème fraîche épaisse
2 cuillères à café de miel liquide
150 g de yogourt nature

Mettez les abricots et le jus d'orange dans un saladier ; laissez macérer une nuit.

Émincez les bananes et ajoutez-les au contenu du saladier avec la liqueur. Mélangez bien, puis transférez dans une coupe.

Prélevez le zeste sur une moitié de l'orange, taillez-le en fins copeaux et réservez. Râpez le reste de zeste, que vous mélangerez au jus de l'autre moitié d'orange. Incorporez à la crème fraîche avec le miel, puis fouettez en neige ferme. Ajoutez le yogourt. Disposez sur les fruits et décorez avec les copeaux d'écorce.

Pour 6 personnes

Salade d'oranges aux dattes

4 oranges
175 g de dattes fraîches, coupées en deux et dénoyautées
2 cuillères à soupe de Cointreau
15 g d'amandes effilées grillées

Pelez à vif les oranges et séparez les quartiers au-dessus d'un saladier pour recueillir le jus. Mettez-les dans le saladier avec les dattes et le Cointreau ; mélangez bien. Parsemez d'amandes pour servir.

Pour 4 personnes

Salade de fruits frais

2 cuillères à soupe de
    miel liquide
12 cl d'eau
zeste et jus de 1 citron
1 pomme rouge
1 poire
1 banane
1 petit ananas
2 oranges
125 g de raisin noir
    coupé en deux et
    épépiné
125 g de fraises
    émincées

Mettez le miel, l'eau et le zeste de citron dans une petite casserole. Portez à ébullition, laissez frémir 2 minutes, passez et laissez refroidir. Ajoutez le jus de citron.

Émincez la pomme, la poire et la banane dans un saladier, versez le sirop et remuez pour bien enrober les fruits.

Pelez l'ananas, jetez le cœur fibreux et détaillez-en la chair. Pelez à vif les oranges et séparez les quartiers. Mettez dans le saladier avec ananas, raisin et fraises. Mélangez bien.

Transférez dans une coupe en verre et laissez au frais. Servez avec de la crème fouettée.

Pour 8 personnes

Fruits en gelée

*1 gros melon coupé en
deux et épépiné
250 g de raisin noir
coupé en deux et
épépiné
2 kiwis pelés et
émincés
15 cl d'eau
50 g de sucre en
poudre
zeste et jus de 1 citron
25 g de gélatine mise
à tremper dans 6
cuillères à soupe
d'eau froide.
15 cl de vin blanc
15 cl de crème fraîche
fouettée*

Prélevez la chair du melon avec une
cuillère spéciale, ou coupez-la en
cubes, et mettez-la dans un saladier
avec le raisin et les kiwis.

Mettez l'eau, le sucre et le zeste dans
une casserole. Chauffez doucement
pour dissoudre le sucre. Laissez frémir
5 minutes, ajoutez la gélatine et
remuez. Laissez refroidir avant
d'ajouter le jus de citron et le vin.
Passez au-dessus du saladier.

Répartissez dans des coupes en verre
et faites prendre au frais. Décorez avec
la crème fouettée pour servir, ou
présentez-la à part.
Pour 4 personnes

INDEX